Tapioca

タピオカミルクティー
フルーツティードリンク

タピオカドリンクとは?

仕込みの技術

ベースドリンク

シロップ・ソース

トッピング

包材

レシピ

ティースタンドの開業

JN194976

片倉康博　田中美奈子

旭屋出版

00

はじめに

タピオカドリンクの魅力と可能性

タピオカとは

タピオカはキャッサバという芋の根から抽出されたデンプンから作られています。冷蔵でも常温保存ですら固くなってしまうため、黒糖のシロップと一緒に保温しておきます。その過程で生まれたのが黒糖ミルクティーです。

タピオカを保温しておくと、タピオカが溶け出しドロドロしたとろみがつきます。そのとろみがカップの壁にしっかりと留まり、ミルクティーを入れると虎の模様になるわけです。

コーヒーに代わるアレンジドリンク

若い世代はコーヒーをそのまま飲むのではなく、アレンジした甘いコーヒーフレーバードリンクを好む傾向にあるのが現状です。

お茶も同様に、タピオカミルクティーを始め、チーズフォームやトッピングでオリジナルのドリンクが作れるフルーツティーのようなデザート感覚の甘いドリンクの人気が出たのもうなずけます。タピオカのクセになる食感もリピート率をあげている要因です。

ストレス社会における カフェイン摂取飲料

　コーヒーと同様に、お茶にもカフェインは多く含まれています。ですが、コーヒーが飲めなくてもお茶は大丈夫な人がほとんどです。それにも関わらず、コーヒーショップは数あれど、これまでお茶をメインとしたお店は少なかったのです。

　眠気を抑えたり、集中力を高め、疲労回復にもなるカフェイン。カフェインは摂りたいけれどコーヒーは苦手…　という層の需要を取り込んでいるのがお茶を使うドリンクで、その中でも特に人気が高まっているのがタピオカドリンクと言えます。

SNS時代の〝映える〟ドリンクとして

　インスタグラムなどの写真共有ができるアプリケーションの普及により、SNS映えする場所や商品であるかもヒットする要因になっています。

　タピオカドリンクでは、ドリンク自体の見た目、カップデザイン、店内の壁やサインも撮影を想定し促すようなデザインにして、お客様にSNSにアップしてもらうことで広告となる流れが重要です。

　若い女性の間では、タピオカドリンクのカップを持ち撮影し投稿。さらにカップを持ち歩き飲みすることがトレンドになっています。

店舗開業費が低コスト

　タピオカドリンクの店を出店する場合、設備が少ないため出資額が少ないことが最大のメリットとしてあげられます。

　お茶とタピオカを作る、お湯を沸かすものがあれば開業でき、店舗展開を広げやすいのも魅力です。

　タピオカドリンクは大きな可能性を秘めています。

　さぁ、始めましょう！

CONTENTS

01

CHAPTER

1

タピオカドリンクとは？

■カスタマイズ

　タピオカドリンクやフルーツティードリンク、スムージーなどを、テイクアウト主体で販売するティースタンドでは一般的に、カップサイズを選び、ベースのドリンクを選びます。そして好きなシロップと甘さの度合いを決めます。その他、トッピング、氷の量などその時の気分でカスタマイズ出来ることが魅力です。

■ベースのドリンク

　紅茶、緑茶、烏龍茶、フレーバーティー、牛乳、コーヒー、フルーツジュースなど全てのドリンクがベースとして使用できます。

■シロップ

　シロップは甘さを加えるだけでなく、味足しとしても重要です。市販のシロップをそのまま使用しても良いですし、混ぜ合わせたり、自家製シロップを作ればお店のオリジナルの味になります。

　一般的に、甘さの度合いは甘みなしの０％、少なめ50％（15ｇ）、普通１００％（30ｇ）、多め１５０％（45ｇ）、２００％（60ｇ）の単位で注文ができます。

■トッピング

　ティードリンクは、トッピングも多種多様です。タピオカをはじめ、ナタデココ、ゼリー、アロエベラなどモチモチ、プルプルとした食感を楽しめるものから、チーズフォームなどのクリーム系も人気です。また、砕いたオレオやパウダー類は型抜きで絵柄も描けます。料金を追加してトッピングを選ぶのが一般的ですが、選びやすさと提供の効率化を狙って、トッピング込みのドリンク料金を設定する場案もあります。

■氷の量

　冷たいドリンクが苦手な方は氷なし。すぐに飲まない時には味が薄まらないように氷は少なめ。キンキンに冷えたものがお好みの場合は多めなどチョイス出来ます。氷なしや少なめを選ぶとドリンクの分量が増えるので、追加料金が発生するお店もあります。

タピオカドリンクのカスタマイズの仕組み

カップの容量はどういったカップを選ぶかで変わってきますし、ベースドリンクやシロップ、トッピングの種類、甘さの度合や氷の量もお店によって様々。ここで示したものを一つの目安として、お店のスタイルや規模、立地などによって調整してください。

1. タピオカドリンクとは?

(※容量は目安)

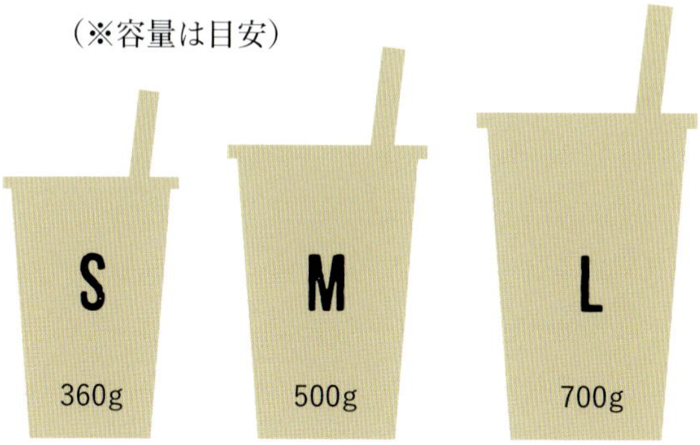

2. ベースのドリンクを選ぶ

ティーベース

- □ ウーロン茶ベース
- □ ジャスミンティーベース
- □ 紅茶ベース
- □ 日本茶ベース

その他

- □ ヨーグルトベース
- □ アーモンドミルクベース

3. シロップと甘さの度合を選ぶ

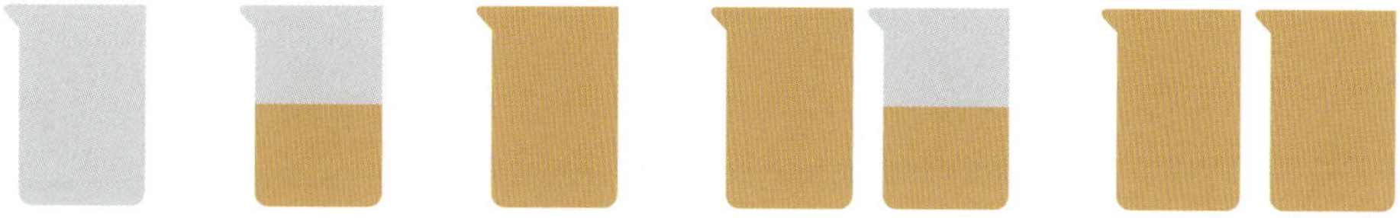

なし 0%　少なめ 50%　普通 100%　多め 150%　200%

4. トッピングを選ぶ

- □ タピオカ
- □ 黒糖タピオカ
- □ 杏仁
- □ プリン
- □ チーズフォーム
- □ MIXベリーコンポート
- □ ナタデココ
- □ アロエベラ

5. 氷の量を選ぶ

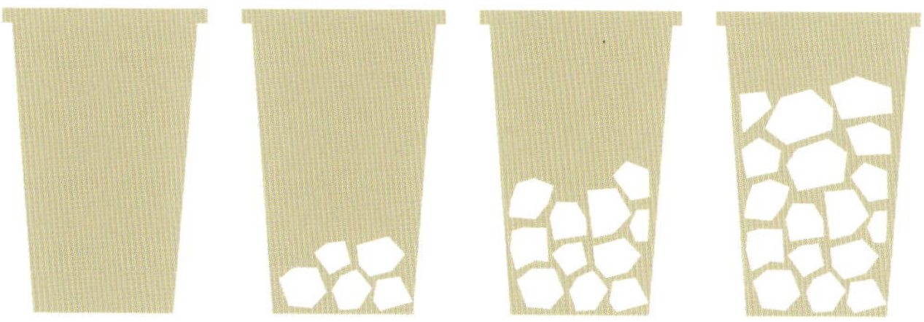

なし　少なめ　普通　多め

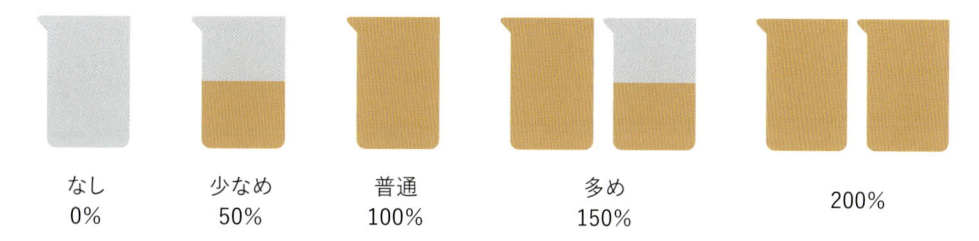

CHAPTER

2

ベースドリンクの仕込み

タピオカドリンクやフルーツティーには、お茶、コーヒー、ミルク、フルーツスムージーなど、様々なベースドリンクが利用できます。

ベースドリンクにコストをどの程度かけるのか、ドリンクを作るための知識や技術はどの程度かによって仕込み方法は変わります。

抽出したお茶を温かいまま保温しておく場合は、アイスドリンクの注文が入るたびにシェーカーで急速に冷やして提供します。

一方、お茶を抽出したら冷やして保冷しておく場合、アイスの注文ではそのまま提供し、ホットの注文が入った場合は、スチームマシンで温めてから提供します。

これは、お店のスタイルによってや季節により変えても良いでしょう。

お茶をシロップやソースや果汁などで割って使用するドリンクの場合は、お茶の濃さがないと薄く感じます。茶葉を多く使って濃く抽出する必要があります。

しかし、濃く抽出するとタンニンとカフェインが多く抽出されるため、結合してクリームダウンしやすくなります（温かい状態では濁りませんが冷やすと濁ってきます）。砂糖をほんの少しだけ加えると、タンニンとカテキンの結合をさせにくくする作用があり、クリームダウンを抑えることができます。

また、硬水は水の中にミネラルが入っているためエキスが溶け出しにくいので、必ず軟水を使用してください。特にアルカリイオン水は素材の成分にすばやく入り込み、旨みや香りなどを引き出します。

人気のミルクティーは、仕込みが少し大変になりますが、茶葉を煮出して牛乳を加えると濃厚な味わいに。粉ミルクを使うお店もあります。通常の濃さのお茶を抽出し、粉ミルクを入れてシェーカーで振って仕上げます。粉ミルクが溶けやすいように、温かいベースドリンクを使用します。

粉ミルクの量で濃さを調節できる扱いやすさと、大量に使用する牛乳を冷蔵庫に入れなくても良いメリットはありますが、牛乳と比べるとどうしても味は劣ります。

ウーロン茶ベース

お茶を冷やす時にグラニュー糖を少し入れるとクリームダウンしにくくなります。水出しは、水にはタンニンが溶け出さないのでクリームダウンしません。

※ クリームダウンとは：タンニンとカフェインが結合して白く濁ってしまうこと。

金宣烏龍

蜜香烏龍

白桃烏龍

アイス

材料 (仕上がり 約1kg)

茶葉 22g
お湯 700g
氷 約400g
(氷で全体量を 1kg にあわせる)

作り方

① お茶を95℃のお湯で3分抽出する。
② ①にグラニュー糖 1gを入れる。
※ 甘さをつけるためではなく、クリームダウンを抑えるため。
③ 氷を入れて冷やし、濾す。

ホット

材料 (仕上がり 約1kg)

茶葉 22g
お湯 1100g

作り方

① お茶を95℃のお湯で3分抽出する。

水出しウーロン茶ベース

材料 (仕上がり 約1kg)

茶葉 10g
冷水 1100g

作り方

① 容器に材料を入れ、冷蔵庫で半日以上かけて抽出する。

ストレート紅茶ベース

アイス

材料
（仕上がり 約1kg）

茶葉 22g
お湯 700g
氷 約400g（氷で全体量を1kgにあわせる）

作り方

① お茶を100℃のお湯で3分抽出する。
② ①にグラニュー糖 1gを入れる。
③ 氷を入れて冷やし、濾す。

ホット

材料
（仕上がり 約1kg）

茶葉 22g
お湯 1100g

作り方

① お茶を100℃のお湯で3分抽出する。

水出しストレート紅茶ベース

材料
（仕上がり 約1kg）

茶葉 10g
冷水 1100g

作り方

① 容器に材料を入れ、冷蔵庫で半日以上かけて抽出する。

ミルクティーベース

ウバ

ジャスミン茶

ほうじ茶

材料

（仕上がり 約1kg）

牛乳と相性の良い茶葉 36g
水 300g
牛乳 900ml

作り方

① 鍋に牛乳以外の材料を入れて沸騰させる。
② 弱火で1/3量まで煮出したら冷ます。
③ 牛乳を加えて濾す。
④ 濾し網の茶葉を押してエキスを絞りとる。

※牛乳を加える際にまず半量を入れて濾し、鍋肌に付着した茶葉を洗い流すように残りの半量の牛乳を入れて濾してもOK。

ジャスミンティーベース

アイス

材料 (仕上がり 約1kg)

茶葉 22g
お湯 700g
氷 約400g (氷で全体量を1kgにあわせる)

作り方

① お茶を85℃のお湯で3分抽出する。
② ①にグラニュー糖 1gを入れる。
③ 氷を入れて冷やし、濾す。

ホット

材料 (仕上がり 約1kg)

茶葉 15g
お湯 1100g

作り方

① お茶を85℃のお湯で3分抽出する。

水出しジャスミンティーベース

材料 (仕上がり 約1kg)

茶葉 10g
冷水 1100g

作り方

① 容器に材料を入れ、冷蔵庫で半日以上かけて抽出する。

抹茶ベース

材料

（仕上がり 約500g）

石臼挽き抹茶 45g
お湯 450g

作り方

① ボウルに抹茶を入れて75°Cのお湯を注ぎ、5分以上蒸らす。
② 氷をはったボウルの上で①を冷やす。
③ ハンドブレンダーで攪拌する。

ほうじ茶ベース

アイス

材料
(仕上がり 約1kg)

茶葉 22g
お湯 700g
氷 約400g (氷で全体量を1kgにあわせる)

作り方

① ほうじ茶を軽く焙じてから使用する。
② お茶を100℃のお湯で3分抽出する。
③ ②にグラニュー糖 1gを入れる。
④ 氷を入れ冷やし、濾す。

ホット

材料
(仕上がり 約1kg)

茶葉 22g
お湯 1100g

作り方

① お茶を100℃のお湯で3分抽出する。

水出しほうじ茶ベース

材料
(仕上がり 約1kg)

茶葉 10g
冷水 1100g

作り方

① 容器に材料を入れ、冷蔵庫で半日以上かけて抽出する。

緑茶ベース

アイス

材料　(仕上がり 約1kg)

茶葉 22g
お湯 700g
氷 約400g (氷で全体量を1kgにあわせる)

作り方

① 70℃のお湯でお茶を3分抽出する。
② ①にグラニュー糖 1gを入れる。
③ 氷を入れ冷やし、濾す。

ホット

材料　(仕上がり 約1kg)

茶葉 22g
お湯 1100g

作り方

① お茶を70℃のお湯で3分抽出する。

水出し緑茶ベース

材料　(仕上がり 約1kg)

茶葉 15g
冷水 1100g

作り方

① 容器に材料を入れ、冷蔵庫で半日以上かけて抽出する。

粉末緑茶ベース

材料　(仕上がり 約1kg)

粉末緑茶 7g
水 1000g

作り方

① 容器に粉末緑茶と水を入れて混ぜあわせる。

アーモンドミルクベース

材料

（仕上がり 約320g）

アーモンド 100g

水 400g

作り方

① アーモンドを水に半日つける。

② ブレンダーに①のアーモンドと水の半量を入れてペーストになるまで回す。

③ ①の残りの水を入れてさらに回す。

④ キッチンペーパーや晒しなどで濾す。

ヨーグルトベース

ヨーグルトベースは既製品の飲むヨーグルトを使用。
（写真は中沢乳業株式会社の「のむヨーグルト」）。

CHAPTER

3

シロップ・ソースの仕込み

タピオカドリンクやフルーツティードリンクにとって、とても大切な役割を果たすのが「シロップ」と「ソース」。シロップやソースは、ベースドリンクに加えて甘さを足すことはもちろん、味のバリエーションを広げてくれます。

　お店の考え方によって、添加物の入っていないシロップやソースをオリジナルで作ることも出来ますし、既製品を使用することも出来ます。全てを作ると大変ですが味は格段に美味しくなります。例えば、シロップやソースに季節のフルーツを使用することで、ドリンクメニューの幅が増え、お客様の満足度が上がります。

　シロップやソースを手作りする際には、ドリンクが薄まらないように濃く作るのがポイントです。砂糖系のシロップは 砂糖10：水7の割合がベスト。砂糖を多くすると時間が経つと砂糖が結晶化していきます。水を多くすると甘さが弱くなり、ドリンクに多く入れることになって味が薄くなってしまいます。

　フルーツソースは、まずフルーツをジューサーなどでペースト状にして茶漉しなどで濾して液体だけを取り出します。

　マンゴー、レモン、ライムといった濃度や酸味の高いフルーツは、砂糖を入れて火にかけて溶けたらそのまま使用します。

　スイカ、メロン、グレープフルーツ、イチゴなど液体量の多いフルーツは⅓～⅔量まで煮詰めます。

　フルーツに含まれるペクチンが、糖やレモンの酸と一緒に加熱されることでゼリー状になり、ソースにとろみが出ます。レモンのクエン酸には発色効果もあり、加えることでフルーツ本来のきれいな色を出すことができます。

　甘みが強く、酸味の少ないフルーツにはレモン汁を多めに入れるとバランスがとれて美味しくなります。ただし、使用するフルーツによって甘さが変わります。糖度系などで測ったり、仕上げの段階で味見をして濃さや甘さを常にチェックすることが重要です。

きび糖シロップ

材料 (仕上がり 約1kg)

きび砂糖 600g

水 420g

※きび砂糖 10：水 7 の比率

作り方

① 鍋に材料を入れる。

② 煮溶かして冷ます。

黒糖シロップ

材料 (仕上がり 約1kg)

黒糖 600g

水 420g

※黒糖 10：水 7 の比率

作り方

① 鍋に材料を入れて煮溶かし、冷ます。

マサラシロップ

材料　（10倍量で約600gのシロップが作れます）

生姜スライス 10g
クローブ（ホール） 3個
カルダモン（ホール） 6個
※カルダモンは必ず割って殻と種を入れる
シナモンカッシャ（ホール） 2g
スターアニス 2個
ローリエ（ホール） 1枚
黒こしょう（ホール） 50粒
水 100g
はちみつ 30g

作り方

① 鍋にはちみつ以外の材料を入れ、
1/3量になるまで煮出してから濾す。
② はちみつを入れて溶かす。
※液量が少ない時は水を足して冷やす

ハニーレモンシロップ

材料　（仕上がり 約1kg）

はちみつ 500g
レモン汁 500g
※はちみつ 1：レモン汁 1 の比率

作り方

① 混ぜあわせて完成。

ストロベリーソース

材料

(煮詰めるので10倍量で1kgのソースが作れます)

イチゴ 110g

グラニュー糖 45g

レモン汁 10g

作り方

① イチゴとグラニュー糖、レモン汁の半量を合わせてハンドブレンダーで撹拌し、火にかけて弱火で 2/3量に煮詰める。

② 火から外して残りのレモン汁を入れる。

③ 氷をはったボウルの上で冷やし、茶漉しで濾す。

レモンソース

材料

(5倍量で約 1kg のソースが作れます)

レモン(搾った後) 100g

グラニュー糖 100g

作り方

① レモンをスロージューサーで皮ごと搾り茶漉しで濾す。

② 鍋に①を入れ、グラニュー糖を合わせて火にかけ、弱火でグラニュー糖を煮溶かす。

③ 火から外して氷をはったボウルの上で冷やし、茶漉しで濾す。

ライムソース

材料

(5倍量で約 1kg のソースが作れます)

ライム(搾った後) 50g

100%ライムジュース 60g

グラニュー糖 140g

作り方

① ライムをスロージューサーで皮ごと搾り、茶漉しで濾す。

② 鍋に①と100%ライムジュース、グラニュー糖をあわせて、弱火でグラニュー糖を煮溶かす。

③ 火から外して氷をはったボウルの上で冷やし、茶漉しで濾す。

キウイソース

材料

（煮詰めるので 10 倍量で
約 1kg のソースが作れます）

キウイフルーツ(搾った後) 100g

グラニュー糖 50g

レモン汁 5g

作り方

① キウイフルーツの皮をむき、スロージューサーで搾り、半量のレモン汁を入れる。

② 鍋に①を入れ、グラニュー糖を合わせて火にかけ、弱火で 2/3量に煮詰める。

③ 火から外して残りのレモン汁を入れ、氷をはったボウルの上で冷やして茶濾しで濾す。

ピーチソース

材料

（煮詰めるので 10 倍量で
約 1kg のソースが作れます）

桃（搾った後)100g

グラニュー糖 40g

レモン汁 5g

作り方

① 桃を湯むきしてスロージューサーで搾り、半量のレモン汁を入れる。

② 鍋に①を入れ、グラニュー糖を合わせて火にかけ、弱火で2/3量に煮詰める。

③ 火から外して残りのレモン汁を入れ、氷をはったボウルの上で冷やして茶濾しで濾す。

ピンクグレープフルーツソース

材料

（煮詰めるので 10 倍量で
約 500g のソースが作れます）

ピンクグレープフルーツ
（搾った後） 100g

グラニュー糖 50g

レモン汁 5g

作り方

① ピンクグレープフルーツを搾り、茶濾しで濾して半量のレモン汁を入れる。

② 鍋に①を入れ、グラニュー糖を合わせて火にかけ、弱火で1/3量に煮詰める。

③ 火から外して残りのレモン汁を入れ、氷をはったボウルの上で冷やして茶濾しで濾す。

マンゴーソース

材料

（7 倍量で約 1kg のソースが作れます）

マンゴー(搾った後） 100g

グラニュー糖 40g

100%ライムジュース 10g

作り方

① マンゴーの皮をむきスロージューサーで搾ってライム汁を入れる。

② 鍋に①を入れ、グラニュー糖を合わせて火にかけ、弱火でグラニュー糖を煮溶かす。

③ 火から外して残りのライム汁を入れ、氷をはったボウルの上で冷やして茶濾しで濾す。

スイカソース

材料

（煮詰めるので 10 倍量で
約 500g のソースが作れます）

スイカ（搾った後）100g
グラニュー糖 60g
レモン汁 10g

作り方

① スイカの実から種を取り、スロージューサーで搾ってレモン汁を入れる。
② 鍋に①を入れ、グラニュー糖を合わせて火にかけ、弱火で1/3量に煮詰める。
③ 火から外して残りのレモン汁を入れ、氷をはったボウルの上で冷やして茶濾しで濾す。

メロンソース

材料

（煮詰めるので 10 倍量で
約 500g のソースが作れます）

メロン（搾った後）100g
グラニュー糖 40g
レモン汁 10g

作り方

① メロンの実から種を取り、スロージューサーで搾ってレモン汁を入れる。
② 鍋に①を入れ、グラニュー糖を合わせて火にかけ、弱火で1/3量に煮詰める。
③ 火から外して残りのレモン汁を入れ、氷をはったボウルの上で冷やして茶濾しで濾す。

パッションソース

材料

（2.5 倍量で約 500g のソースが作れます）

パッションフルーツ（種あり）100g
氷 100g
グラニュー糖 60g
レモン汁 5g

作り方

① パッションフルーツを半分にカットし、中の実と種を取り出す。
② 鍋に①とグラニュー糖をあわせて弱火でグラニュー糖を煮溶かす。
③ 火から外してレモン汁を入れ、氷をはったボウルの上で冷やし、茶漉しで濾す。

チャモイソース

材料 （仕上がり 約 520g）

モリータチリ 2本
タマリンドペースト 50g
アプリコットピューレ 250g
ライムジュース 118g
グレナデンシロップ 20g
きび砂糖 75g
粉末ピンクソルト 2.5g

作り方

① 全ての材料をブレンダーに入れてペーストにする。

CHAPTER

4

トッピングの仕込み

■タピオカ

タピオカドリンクのトッピングに欠かせない「タピオカ」は、半生タピオカ、乾燥、冷凍、水煮などの種類が販売されています。

次ページから、袋を開けたらすぐに使える水煮以外の、半生、乾燥、冷凍タピオカの仕込み方を紹介しています。

キャッサバから作るタピオカは仕込みに手間がかかり、時間が経つと固くなりますがモチっとした食感はとても美味しいです。

一方、キャッサバを使用していないタピオカも多く存在します。水煮は冷たくしても固まらないように添加物が入っています。デンプン粉を使用しているのでキャッサバのようなモチっと感はありませんが、ロスになりにくいので、タピオカが出る量が少ないお店などでは使いやすいといえます。

タピオカの中でも「黒タピオカ」は、タピオカに黒糖シロップが練りこまれており。香りが良くとても美味しいです。

カラメル色素を練りこんだタピオカもあり、色は黒糖入り同様黒く、コストは安くなりますが黒糖の香りはしません。煮る際に黒糖を入れて煮込むのがおすすめです。

■タピオカの茹で方

せっかく黒タピオカを使っても、軟水で茹でるとタピオカから黒糖のエキスが溶け出してしまうので注意が必要です。

硬水、もしくは茹でる際にきび砂糖や黒糖を少し入れて煮込むと溶け出しにくくなります。

■タピオカの茹で汁

タピオカを茹でた後に出る茹で汁は捨てずに使用します。

茹で汁を煮詰めていくとドロドロの液体になるので、そこに黒糖を加えてください。人気の黒糖タピオカミルクティーを作る際、黒糖タピオカ、茹で汁と黒糖を合わせた液体をカップに貼り付ければグラデーションになり、インスタ映えする見映えの良さがアップします。

■その他のトッピング

タピオカ以外のトッピングには、杏仁豆腐、プリン、ナタデココ、アロエベラなどがあります。そうした様々なトッピングを揃えることで、カスタマイズの幅が広がります。

トッピングは、飲み物に楽しい食感が加わるものが理想ですが、液体と一緒にストローで吸い込める硬さのものを選ぶことや、サイズに合わせてカットするのも重要です。

■クリーム系・パウダー類

生クリームやチーズフォームといったクリーム系は、直接飲むので緩めの状態が理想です。固めにしてしまうとすんなり入ってこないので、最後に残ってしまいます。

チリライムシーズニング、ココアやフリーズドライフルーツのパウダー、抹茶なども、トッピングとして使えます。

ドリンクに振って見た目を色鮮やかにしたり、テンプレートで模様や絵、文字を書くこともできます。

タピオカ

半生タピオカの仕込み

① タピオカの5～6倍量の水を強火で沸騰させる。

② 沸騰したらタピオカを入れ、再沸騰するまで混ぜ、中火にして20分煮る。

③ 火からおろし、蓋をして20分蒸らす。

④ ③をザルで濾して流水で軽くすすぐ。

※ 茹でた煮汁は使用するので捨てない。

⑤ ④をシロップ漬けにする。

※半生タピオカは茹でると1.5倍に膨れます。

※軟水で煮込む場合、お湯の0.5%量のきび砂糖を入れるとタピオカからエキスが出にくくなります。

※タピオカのメーカーによって仕込み方は変わります。

冷凍タピオカの仕込み

① 冷凍タピオカの5〜6倍量の水を強火で沸騰させる。
② 沸騰したらタピオカを入れ、再沸騰するまで混ぜながら中火で20分煮る。
③ 火からおろし、蓋をして20分蒸らす。
④ ③をザルで濾して流水で軽くすすぐ。
※ 茹でた煮汁は使用するので捨てない。
⑤ シロップ漬けにする。
※ 冷凍タピオカは茹でると 1.5 倍に膨れます。

乾燥タピオカの仕込み

① タピオカの5〜6倍量の水を強火で沸騰させる。
② 沸騰したらタピオカを入れ、再沸騰するまで混ぜ、中火で40〜60分煮る。
③ ②をザルで濾して流水で軽くすすぐ。
※ 茹でた煮汁は使用するので捨てない。
④ シロップ漬けにする。
※ 乾燥タピオカは茹でると 3 倍に膨れます。

黒糖タピオカ

材料 (仕上がり 130g)

タピオカ 100g
煮詰めたタピオカの煮汁 50g
黒糖 10g

作り方

① 鍋に材料を入れる。
②焦げ付かないように、鍋底からよく混ぜながら煮込んでとろみを出す。

杏仁豆腐

※④で泡ができた場合、バーナーをあてると簡単に泡が消え、きれいな仕上がりに。

材料

（仕上がり 約640g ※ドリンク8杯分）

水 180g
粉ゼラチン 5g
グラニュー糖 50g
杏仁霜 18g
牛乳 400g
アーモンドミルク 100g
生クリーム 40g

作り方

① 鍋に粉ゼラチンとグラニュー糖を入れて混ぜ、水を加えて火にかけ、沸騰したら弱火で約2分煮る。
② 残りの材料を別の鍋に入れ、沸騰直前まで温める。
③ ①と②をあわせる。
④ 熱いうちに耐熱容器に流し入れ、あら熱が取れたら冷蔵庫で2～3時間冷やし固める。

プリン

材料

（仕上がり 約400g ※ドリンク5杯分）

牛乳 300g

きび砂糖 全体量の1割

全卵 1個

黄味 2個分

バニラエッセンス 1g

作り方

① 鍋に牛乳ときび砂糖を入れて中火にかけ、70℃くらいに温め火からおろす。

② 全卵と黄身をボウルに入れてしっかりほぐし、①を2〜3回に分けて加えてさらに混ぜる。

※泡立て後に出来た泡は丁寧に取り除き、さらに濾し器で濾すとなめらかになり焼き上がりがきれいになります。

③ バニラエッセンスを加えて香りづけをする。

④ 容器にプリン液を注ぐ。

⑤ バットにたっぷりのお湯を入れて④を並べ、140〜150℃のオーブンで約30〜40分、湯煎でゆっくり火を入れれば完成。

MIXベリーコンポート

材料

(仕上がり 約750g※ドリンク12杯分)

MIXベリー冷凍 500g

グラニュー糖 250g

作り方

① 全ての材料を鍋に入れて弱火で10分煮る。

② 火から外し氷水で冷やす。

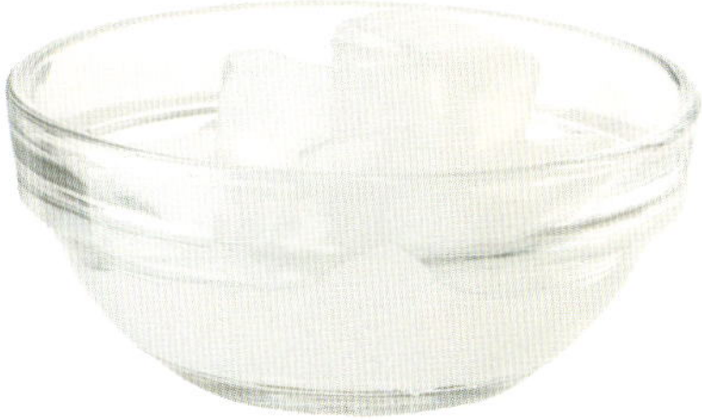

ナタデココ

※ ストローで飲める大きさにカットして使う

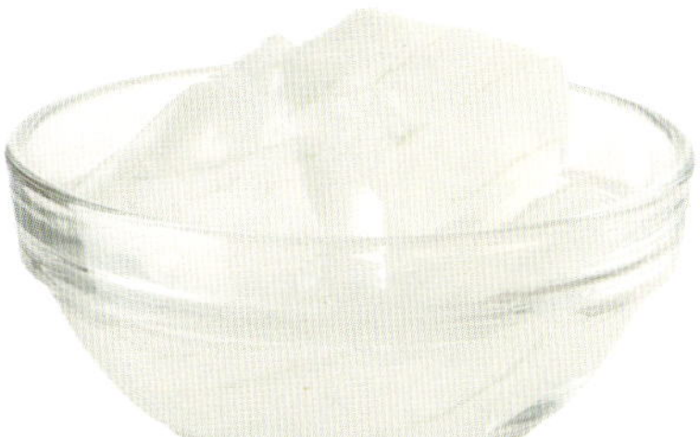

アロエベラ

※ ストローで飲める大きさにカットして使う

チーズフォーム

材料

（仕上がり 約420g ※ドリンク7杯分）

クリームチーズ 100g
グラニュー糖 40g
粉末ピンクソルト 2g
牛乳 60g
脂肪分42%生クリーム 200g
練乳 20g

作り方

① クリームチーズ、グラニュー糖、ピンクソルトをボウルに入れゴムベラでなじませる。
② 少しずつ牛乳を入れてハンドブレンダーで混ぜる。
③ 生クリームと練乳を別の冷やしたボウルに入れて、ハンドブレンダーで5分立てまで混ぜる。
④ ②と③を混ぜあわせる。

チリライムシーズニング

材料 （仕上がり 約177g）

チリパウダー 23g
スモークパプリカパウダー 23g
粉末ライム 100g
クミンパウダー 8g
カイエンペッパーパウダー 2g
ガーリックパウダー 5g
オニオンパウダー 8g
コリアンダーパウダー 4g
粉末ピンクソルト 12.5g
きび砂糖 6g

作り方

① 全ての材料を混ぜあわせる。

05

CHAPTER

5

タピオカドリンクの包材

■持ち帰りを前提として カップを選ぶ

タピオカミルクティーやフルーツティードリンクは、イートインで提供する場合もありますが、主流になっているのは持ち帰りを前提としたプラスチックカップでの提供です。カップを手に持って、いわゆる〝インスタ映え〟する写真を撮り、ＳＮＳにアップする。そうした新しい消費行動がタピオカドリンクの人気につながっています。人気店になると、プラスチックカップにロゴを入れたり、デザイン性の高いカップを使うなどして、ＳＮＳを意識した商品開発を行なっています。

ドリンクの液量に加え、タピオカがたっぷり入り、チーズフォームなどもトッピングされるので、台湾や中国ではカップサイズはコーヒー用より大きく、５００g、７００gの2サイズ展開が通常です。ただ、８ページで紹介したように、日本の場合はSサイズの需要もあります。

お店のコンセプト、立地や客層の特性、オペレーションを考慮した上で、Ｓ・Ｍ・Ｌの3サイズ展開にするのか、または2サイズでいくかなどの方針を決めてから、カップを選ぶとよいでしょう。

■包材は宣伝ツール

ドリンクを持ち帰りで販売するには、こぼれないように蓋が必要になります。タピオカドリンクの人気チェーンでは、「シーラー」という包装機を使って、カップに包装フィルムを接着する方法をとっています。

シーラー自体はそれほど高価ではありませんが、包装フィルムにオリジナルデザインを施そうとすると、ある程度のロットが必要になるのでコストがかかります。個人経営の小規模店では、「リッド」と呼ばれるプラスチックの蓋をかぶせて提供するスタイルが主流です。

ストローは、タピオカの大きさに合わせた太いものが必要です。

街中やSNSで拡散されるタピオカドリンクにとって、包材は宣伝ツールであり、オリジナリティーを出せるとても重要なものと言えます。

カップ

ストロー

リッド

CHAPTER

6

06

タピオカミルクティー
ティードリンクのレシピ

ここでは、仕込んでおいたベースドリンク、シロップ、トッピングを組みわせた、ドリンクのレシピ例を紹介します。定番のタピオカドリンクやフルーツティードリンクを始め、スムージーやレモネードなど、ティースタンドのメニューの幅が広がるドリンクも加えました。

レシピはベースドリンクごとにカスタマイズ例に沿って考案したものです。日本だけでなく海外のトレンドも踏まえて、著者がベストと考えるレシピを示しています。

ドリンクはカスタマイズによって、また、選ぶカップの容量によって、レシピや分量は変化します。本書8〜9ページを参考に、使用するカップの容量や自店のカスタマイズ方法に応じて、各材料の分量は同じ比率で増減させてください。

ウーロン茶ベース

カスタマイズ

氷 ☑ 普通

甘さ ☑ お好みの量

トッピング ☑ タピオカ

タピオカ ウーロンティー

材料

タピオカ 80g

氷 適量

ウーロン茶ベース（金萱烏龍茶） 200g

きび糖シロップ お好みの量

作り方

① カップに全ての材料を入れる。

黒糖タピオカミルクティー

ミルクティーベース

カスタマイズ

氷 ☑ 普通

甘さ ☑ お好みの量

トッピング ☑ 黒糖タピオカ

材料

黒糖タピオカ 80g
氷 適量
ミルクティーベース（ウバ） 200g
黒糖シロップ お好みの量

作り方

① カップにシロップが付着するように黒糖タピオカを入れる。

※黒糖タピオカの溶け出した粘度のある液体だけを、ディスペンサーに入れてグラデーションを作ってもOK（黒糖タピオカを使うドリンクで共通）。

② カップに残りの材料を入れる。

ミルクベース

カスタマイズ

氷 ☑ 普通

甘さ ☑ お好みの量

トッピング ☑ 黒糖タピオカ

黒糖タピオカミルク

材料

黒糖タピオカ 80g
氷 適量
牛乳 200g
黒糖シロップ お好みの量

作り方

① カップにシロップが付着するように黒糖タピオカを入れる。
② カップに残りの材料を入れる。

紅茶ベース

カスタマイズ

氷☑なし

甘さ☑お好みの量

トッピング☑タピオカ

タピオカティー

材料

タピオカ 80g

紅茶ベース（英徳紅茶）200g

きび糖シロップ お好みの量

作り方

① 容器に全ての材料を入れる。

to go

ミルクティーベース

カスタマイズ

氷☑少なめ

甘さ☑お好みの量

トッピング☑タピオカ

タピオカミルクティー

材料

タピオカ 80g

氷 適量

ミルクティーベース（ウバ）200g

きび糖シロップ お好みの量

作り方

① カップに全ての材料を入れる。

ピーチティー

ウーロン茶ベース

カスタマイズ

氷☑なし

甘さ☑お好みの量

トッピング☑なし

材料

ピーチソース 50g
ウーロン茶ベース
（白桃烏龍茶）200g
桃の角切り（桃の1/10量の
ハニーレモンシロップで
あえておく）50g
きび糖シロップ お好みの量

作り方

① 容器に全ての
材料を入れる。

カスタマイズ

氷☑普通
甘さ☑お好みの量
トッピング☑なし

紅茶ベース

キウイティー

材料

キウイフルーツ（スライス） 1/2個分
キウイソース 50g
紅茶ベース（英徳紅茶） 200g
氷 適量
きび糖シロップ お好みの量

作り方

① カップにキウイフルーツを飾る。
② 別の容器でキウイソースと紅茶ベースを混ぜあわせ、氷を入れた①に注ぐ。

ウーロン茶ベース

レモネードティー

カスタマイズ

氷☑普通

甘さ☑お好みの量

トッピング☑なし

材料

レモン（スライス）3枚

レモンソース 40g

ウーロン茶ベース

（金萱烏龍茶）200g

ハニーレモンシロップ 10g

氷 適量

きび糖シロップ お好みの量

作り方

① カップにレモンスライスを3枚飾る

② 別の容器にウーロン茶ベースとレモンソース、ハニーレモンシロップを入れて混ぜあわせ、氷を入れた①のカップに注ぐ。

ストロベリーティー

カスタマイズ

氷☑普通
甘さ☑お好みの量
トッピング☑なし

材料

氷 適量
イチゴ小(スライス) 4個分
ストロベリーソース 50g
ウーロン茶ベース
(密香紅烏龍茶) 200g
きび糖シロップ お好みの量

作り方

① カップに氷とイチゴスライスを交互に入れる。
② 別の容器でストロベリーソースとウーロン茶ベースを混ぜ合わせて①に注ぐ

ウーロン茶ベース

MIXベリーティー

カスタマイズ

氷 ☑ 少なめ

甘さ ☑ お好みの量

トッピング ☑ MIXベリーコンポート

材料

MIXベリーコンポート 50g
ウーロン茶ベース
（密香紅烏龍茶）150g
氷 適量
きび糖シロップ お好みの量

作り方

① 容器に全ての
材料を入れる。

カスタマイズ
氷 ☑ 普通
甘さ ☑ お好みの量
トッピング ☑ なし

ミルクティーベース

マサラチャイミルクティー

材料

ミルクティーベース
（ウバ）250g
マサラシロップ 50g
氷 適量
はちみつ お好みの量

作り方

① カップにミルクティーベース、マサラシロップ、氷を入れる。

ミルクティーベース

カスタマイズ

氷 ☑ 普通

甘さ ☑ お好みの量

トッピング ☑ 黒糖タピオカ

☑ チーズフォーム

黒糖タピオカ ミルクティー チーズフォームのせ

材料

黒糖タピオカ 80g
氷 適量
ミルクティーベース（ウバ） 200g
チーズフォーム 50g
カソナード 5g
黒糖シロップ お好みの量

作り方

① カップにシロップが付着するように黒糖タピオカを入れる。
② ①に氷、ミルクティーベース、チーズフォームの順に入れる。
③ カソナードを乗せてバーナーでキャラメリゼする。

①

②

③

ミルクティーベース

カスタマイズ

氷 ☑ 普通

甘さ ☑ お好みの量

トッピング ☑ 黒糖タピオカ

☑ チーズフォーム

☑ プリン

プリンタピオカ ミルクティー

材料

黒糖タピオカ 50g
氷 適量
ミルクティーベース(ウバ) 180g
チーズフォーム(固め) 50g
プリン 80g
黒糖パウダー 5g
黒糖シロップ お好みの量

作り方

① カップにシロップが付着するように黒糖タピオカを入れる。
② ホイッパーでチーズフォームを固めにたてる。
③ カップに氷、ミルクティーベース、チーズフォーム、プリンの順に入れる。
④ 黒糖パウダーをふりかける。

ジャスミンティーベース

カスタマイズ

氷 ☑ 普通

甘さ ☑ お好みの量

トッピング ☑ タピオカ

ジャスミン タピオカティー

材料

タピオカ 80g

氷 適量

ジャスミンティーベース　200g

きび糖シロップ お好みの量

作り方

① カップに全ての材料を入れる。

タピオカジャスミンミルクティー
（ホワイトミルクティー）

カスタマイズ
氷 ☑ 少なめ
甘さ ☑ お好みの量
トッピング ☑ タピオカ

ミルクティーベース

材料

タピオカ 80g
氷 適量
ミルクティーベース
（ジャスミン茶）150g
きび糖シロップ お好みの量

作り方

① カップに全ての
材料を入れる。

ジャスミンティーベース

ジャスミンレモネード

カスタマイズ

氷 ☑ 少なめ

甘さ ☑ お好みの量

トッピング ☑ なし

材料

レモン（スライス） 3枚

レモンソース 50g

ジャスミンティーベース 200g

氷 適量

きび糖シロップ お好みの量

作り方

① カップにレモンスライスを3枚飾り、氷を入れる。

② 別の容器でレモンソースとジャスミンティーベースを混ぜあわせ、①に注ぐ。

ジャスミンティーベース

カスタマイズ
氷 ☑ 少なめ
甘さ ☑ お好みの量
トッピング ☑ なし

材料

氷 適量
ストロベリーソース 50g
ジャスミンティーベース 200g
イチゴ小(スライス) 4個分
きび糖シロップ お好みの量

作り方

① カップに氷、ストロベリーソース、ジャスミンティーベースの順に入れる。
② ①の上にイチゴスライスを乗せる。

ストロベリージャスミンティー

ジャスミンティーベース

カスタマイズ

氷 ☑ 少なめ

甘さ ☑ お好みの量

トッピング ☑ なし

材料

氷 適量
キウイソース 50g
ジャスミンティーベース 200g
キウイフルーツ 1/2個
きび糖シロップ お好みの量

作り方

① カップに氷、キウイソース、ジャスミンティーベースの順に入れる。
② ①の上にキウイフルーツの角切りを乗せる。

キウイジャスミンティー

ジャスミンティーベース

カスタマイズ

氷 ☑ 少なめ

甘さ ☑ お好みの量

トッピング ☑ なし

ピンクグレープフルーツ ジャスミンスパークル

材料

ピンクグレープフルーツ
（スライス）2枚
氷 適量
ジャスミンティーベース 100g
ソーダ 100g
ピンクグレープフルーツソース 50g
きび糖シロップ お好みの量

作り方

① カップの内側にピンクグレープフルーツのスライスを2枚貼り付けて氷を入れる。
② 別の容器でジャスミンティーベース、ソーダ、ピンクグレープフルーツソースを混ぜあわせ、①に注ぐ。

ジャスミンティーベース

カスタマイズ

氷☑適量

甘さ☑お好みの量

トッピング☑なし

ライムジャスミンスパークル

材料

ライム(スライス) 4枚
氷 適量
ジャスミンティーベース 100g
ソーダ 100g
ライムソース 50g
きび糖シロップ お好みの量

作り方

① ライムスライスを6等分にカットする。
② カップに①と氷を交互に入れる。
③ 別の容器でジャスミンティーベースとソーダ、ライムソースを混ぜあわせ、②に注ぐ。

ジャスミンティーベース

カスタマイズ

氷 ☑ 普通

甘さ ☑ お好みの量

トッピング ☑ なし

パッションジャスミンスパークル

材料

ジャスミンティーベース 100g
ソーダ 100g
パッションフルーツソース 50g
ライムの搾り汁 5g
氷 適量
パッションフルーツ 1/2個
きび糖シロップ お好みの量

作り方

① 別の容器でジャスミンティーベース、ソーダ、パッションフルーツソース、ライムの搾り汁を混ぜあわせ、氷を入れたカップに注ぐ。
② パッションフルーツをスプーンでくり抜いて①に乗せる。

ジャスミンティーベース

マンゴージャスミンスムージー

材料

マンゴー（冷凍）160g
ジャスミンティーベース 220g
マンゴーソース 50g
ハニーレモンシロップ 10g
チーズフォーム 50g

作り方

① ブレンダーにマンゴー、ジャスミンティーベース、マンゴーソース、ハニーレモンシロップを入れてブレンダーを回す。
② ①をカップに注ぎ、チーズフォームを乗せる。

ジャスミンティーベース

ウォーターメロンジャスミンスムージー

材料

スイカ（冷凍）160g
ジャスミンティーベース 220g
スイカソース 50g
ハニーレモンシロップ 10g

作り方

① ブレンダーにスイカ、ジャスミンティーベース、スイカソース、ハニーレモンシロップを入れて回し、カップに注ぐ。

メロンジャスミンスムージー

材料

メロン（冷凍） 160g
ジャスミティーンベース 220g
メロンソース 50g
ハニーレモンシロップ 10g

作り方

① ブレンダーにメロン、ジャスミンティーベース、メロンソース、ハニーレモンシロップを入れて回し、カップに注ぐ。

ジャスミンティーベース

ドラゴンフルーツジャスミンスムージー

材料

A白の層
ドラゴンフルーツ（白） 100g
ジャスミンティーベース 50g
ハニーレモンシロップ 30g
氷 50g

B赤の層
ドラゴンフルーツ（赤） 100g
ジャスミンティーベース 100g
ハニーレモンシロップ 30g
氷 50g

トッピング用
チーズフォーム（固め） 50g
丸く抜いたドラゴンフルーツ（白・赤） 各3個

作り方

① ドラゴンフルーツの頭に十字に切り込みを入れ、皮をむく。
② トッピング用にドラゴンフルーツの白と赤をそれぞれ3個ずつくり抜き、冷凍する。残りは白と赤を別々に皮だけを取り除き、冷凍しておく。
③ ホイッパーでチーズフォームを固めにたてる。
④ 凍らせておいたドラゴンフルーツの白と、Aの残りの材料を全てブレンダーに入れて回し、カップに注ぐ。
⑤ ④で使用したブレンダーを洗わずに、赤の層のBの材料を全て入れて回し、カップの白の層の上に注ぐ。
⑥ チーズフォーム、トッピング用のドラゴンフルーツを飾る。

抹茶ベース

カスタマイズ

氷 ☑ 普通

甘さ ☑ お好みの量

トッピング ☑ バニラアイス

抹茶タピオカミルクティー バニラアイスのせ

材料

水 20g
抹茶ベース 30g
氷 適量
牛乳 200g
タピオカ 80g
バニラアイス 1ディッシャー
抹茶 適量
きび糖シロップ お好みの量

作り方

① シェーカーに水と抹茶ベース、氷を入れる。
② ①をシェイクする。
③ カップにタピオカ、牛乳、氷を入れ②を静かにそそぐ。
④ バニラアイスを乗せて、抹茶をふる。

緑茶ベース

カスタマイズ

氷 ☑ 普通

甘さ ☑ お好みの量

トッピング ☑ ナタデココ

材料

ナタデココ 80g

氷 適量

レモンソース 20g

緑茶ベース 200g

レモン（スライス） 3枚

きび糖シロップ お好みの量

作り方

① レモンスライスを6等分にカットする。

② カップにナタデココ、レモンソース、①を入れて緑茶ベースを注ぐ。

レモングリーンティー

ライムグリーンティー

緑茶ベース

カスタマイズ

氷 ☑ 普通

甘さ ☑ お好みの量

トッピング ☑ アロエベラ

材料

アロエベラ 80g

氷 適量

ライムソース 20g

緑茶ベース 200g

ライム 1/2個

ライム（スライス） ½個分

きび糖シロップ お好みの量

作り方

① ライムスライスを半分にカットする。

② カップに①、アロエベラ、氷を交互に入れる。

③ 緑茶ベースとライムソースを混ぜあわせて②に注ぐ。

キウイグリーンティー

カスタマイズ

氷☑なし
甘さ☑お好みの量
トッピング☑ナタデココ

材料

ナタデココ 80g
キウイソース 30g
緑茶ベース 200g
キウイフルーツ 1/2個
きび糖シロップ お好みの量

作り方

① キウイフルーツを角切りにする。
② 容器に①と残りの材料を入れる。

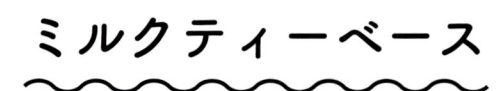

ミルクティーベース

カスタマイズ

氷 ☑ 普通

甘さ ☑ お好みの量

トッピング ☑ タピオカ

ほうじ茶タピオカミルクティー

材料

タピオカ 80g

氷 適量

ミルクティーベース（ほうじ茶）250g

きび糖シロップ お好みの量

作り方

① カップにタピオカ、氷、ミルクティーベースを入れる。

マサラほうじチャイ

ミルクティーベース

カスタマイズ

氷 ☑ 普通

甘さ ☑ お好みの量

トッピング ☑ なし

材料

ミルクティーベース（ほうじ茶）250g

マサラシロップ 50g

氷 適量

きび糖シロップ お好みの量

作り方

① カップにミルクティーベース、マサラシロップ、氷を入れる。

Chai

ミルクティーベース

バニラほうじ茶スムージー

材料

バニラアイス 150g
ミルクティーベース（ほうじ茶） 300g
チーズフォーム 50g

作り方

① ブレンダーにバニラアイスとミルクティーベースを入れて回す。
② ①をカップに注ぎ、チーズフォームを乗せる。

ヨーグルトベース

カスタマイズ

氷 ☑ 普通

トッピング ☑ ハニータピオカ

ハニータピオカヨーグルト

材料

タピオカ 80g

はちみつ 20g

水 少々

氷 適量

飲むヨーグルト 200g

作り方

① ハニータピオカを作る。タピオカをはちみつと水で煮てとろみを出す。

② カップにハニータピオカを入れ、氷、飲むヨーグルトを注ぐ。

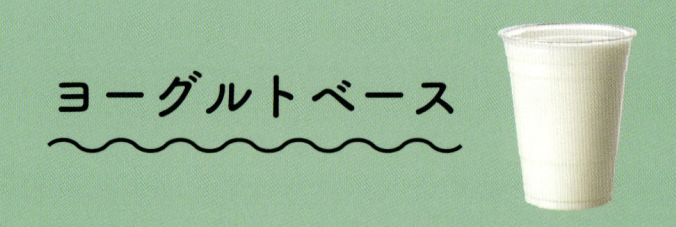

ヨーグルトベース

ベリーベリーヨーグルト

カスタマイズ

氷☑なし

トッピング☑MIXベリーコンポート

材料

MIXベリー
コンポート 50g
飲むヨーグルト 200g

作り方

① 容器にMIXベリーコンポートを入れ、飲むヨーグルトを注ぐ。

キウイヨーグルト

カスタマイズ

氷 ☑ 普通

トッピング ☑ キウイ

材料

キウイフルーツ 1/2個

キウイソース 50g

氷 適量

飲むヨーグルト 200g

作り方

① キウイフルーツを角切りにし、キウイソースとあえておく。

② カップに①と氷を入れ、飲むヨーグルトを注ぐ。

マンゴーヨーグルト

カスタマイズ

氷 ☑ 普通

トッピング ☑ マンゴー

材料

マンゴー 50g
マンゴーソース 50g
飲むヨーグルト 200g

作り方

① マンゴーを角切りにし、マンゴーソースとあえる。

② 容器に①を入れ、飲むヨーグルトを入れる。

ピーチヨーグルト

カスタマイズ

氷 ☑ 普通

トッピング ☑ 桃

材料

氷 適量

飲むヨーグルト 200g

桃 1/2個

ピーチソース 50g

作り方

① 桃を乱切りにする。

② カップに氷を入れ、飲むヨーグルトを注ぐ。

③ ①を乗せ、ピーチソースをかける。

アーモンドミルクベース

カスタマイズ

氷 ☑ 普通

甘さ ☑ お好みの量

トッピング ☑ 黒糖タピオカ

黒糖タピオカアーモンドミルク

材料

黒糖タピオカ 50g

氷 適量

アーモンドミルク 200g

黒糖シロップ お好みの量

作り方

① カップに黒糖タピオカを入れて、シロップがカップの内側に付着するように傾けながら回し入れる。

② ①に残りの材料を入れる。

DRINK MENU >>> アーモンドミルクベース

アーモンドミルクベース

カスタマイズ

氷 ☑ 普通

甘さ ☑ お好みの量

トッピング ☑ なし

ストロベリーアーモンドミルク

材料

ストロベリーソース 50g

氷 適量

アーモンドミルク 200g

きび糖シロップ お好みの量

作り方

① カップにストロベリーソース、氷を入れて、アーモンドミルクを注ぐ。

アーモンドミルクベース

カスタマイズ

氷 ☑ 普通

甘さ ☑ お好みの量

トッピング ☑ なし

ショコラアーモンドミルク

材料

チョコレートソース 50g

氷 適量

アーモンドミルク 200g

きび糖シロップ お好みの量

作り方

① カップの内側にチョコレートソースを塗って模様を作る。

② ①に氷を入れてアーモンドミルクを注ぐ。

Other

バナナオレオスムージー

材料

バナナ（冷凍） 1本
牛乳 200g
はちみつ 30g
チョコレートソース 50g
ホイップクリーム 50g
オレオクッキー 適量

作り方

① ブレンダーに冷凍バナナ、牛乳、はちみつを入れて回す。
② カップにチョコレートソースと①を入れる。
③ ②にホイップクリームを乗せて、砕いたオレオクッキーをふりかける。

バニラカフェラテスムージー

材料

バニラアイス 150g
エスプレッソ　2ショット
はちみつ 20g
牛乳 200g

作り方

① ブレンダーにバニラアイス、凍らせたエスプレッソ、はちみつ、牛乳を入れて回す。
② ①をカップに注ぐ。

Cafe latte

Other

バニラオレオ
スムージー

材料

ホイップクリーム 30g
オレオクッキー 10g
バニラアイス 100g
牛乳 200g
氷 60g
ホイップクリーム 30g

作り方

① ホイップクリームと砕いたオレオクッキーを混ぜてカップの内側に塗る。
② ブレンダーにバニラアイス、牛乳、氷を入れて回し、①のカップに注ぐ。
③ ホイップクリームを上に乗せる。

紫イモタピオカスムージー

材料

紫芋ペースト(冷凍) 70g
牛乳 200g
氷 80g
黒糖 20g
タピオカ 50g
チーズフォーム 50g
紫芋クリームペースト(※) 50g

作り方

① ブレンダーに紫芋ペースト、牛乳、氷、黒糖を入れて回す。
② カップにタピオカを入れて①を注ぐ。
③ 固めに仕上げたチーズフォームをのせる。
④ ③の上に紫芋クリームペーストを搾る。

※紫芋クリームペースト

材料

(仕上がり約 400g)

紫芋ペースト(冷凍) 250g
グラニュー糖 100g
生クリーム 85g
ラム酒 5g

作り方

① 全ての材料を手鍋で温め、とろみがついたら冷ます。

マンゴーネード

材料

チャモイソース 20g
チリライムシーズニング 1g
マンゴー（冷凍） 100g
マンゴーシロップ 100g
水 100g
氷 180g

※仕上げ用
マンゴー（冷凍） 50g
チャモイソース 10g
チリライムシーズニング 0.5g

作り方

① カップにチャモイソースを入れて模様を作り、チリライムシーズニングを入れる。
② ブレンダーにマンゴー、マンゴーシロップ、水、氷を入れて回す。
③ ①に②を注ぎ、仕上げ用のマンゴーを乗せる。
④ ③にチャモイソースとチリライムシーズニングをかける。

Other

杏仁ココナッツレモネード

材料

ココナッツ 1個
杏仁豆腐 50g
レモンソース 20g

作り方

① ココナッツの上部をなたで割る。
② ①からココナッツウォーターを抜き、杏仁豆腐、レモンシロップを入れて、ココナッツウォーターを注ぐ。

mango

07

CHAPTER

7

ティースタンドの開業

■ティースタンドの優位性

他の飲食店と比べて狭いスペースで開業出来るため、低コストであること。仕込みをしてお茶やタピオカなどを用意しておけば、誰でも提供が可能であること。SNS世代の層の人気により広告を打たなくても広まりやすいこと。などがティースタンドのメリットとしてあげられます。

■低コストで開業が可能

タピオカドリンクを売りにしたティースタンドの店舗は、持ち帰り中心でイートインスペースも必要がなく広さは必要ありませんが、その分、人の流れのある繁華街、オフィス街、商業施設、大学などがある好立地の場所での開業が望まれます。

広さの必要がない分、家賃も初期費用も抑えることが出来ます。持ち帰りのカップの提供により洗い物も少なく、イートインスペースがないことで人件費も減らせます。

さらに機器も少ないため、開業資金も低コストになり、月の固定費が低いので利益が出やすくなります。

■最低限必要な設備とその使用目的

ティースタンドの設備は少ないながらも、必要な機器はあります。台湾、中国では専用の機器や道具も多く売られていますが、日本で準備できる最低限必要なものを紹介します。

牛乳などの乳製品やフレッシュフルーツの保管用に冷蔵庫、冷凍フルーツや冷凍のタピオカを使用する場合は冷凍庫、ドリンク提供時や仕込みにも使う氷を作る製氷機、お茶を保温、保冷出来るポットなど。

また、スムージー用のブレンダーやスロージューサーなどを導入し、フルーツを使用したシーズンメニューを提供する店もあります。

1 冷蔵庫

タピオカミルクティーのお店は牛乳を多く使用します。牛乳、仕込んでおいたミルクティー、トッピングなどの保存に冷蔵庫が必要です。

2 コールドテーブル

冷蔵食材を使い、作業する際に使用します。

3 冷凍庫 or ストッカー

ティースタンドにあると便利な機器・道具

スロージューサー
（写真はヒューロム
スロージューサー HZ）

ブレンダー
（写真は Vitamix Ascent3500i
取扱い／株式会社アントレックス）

シーラー

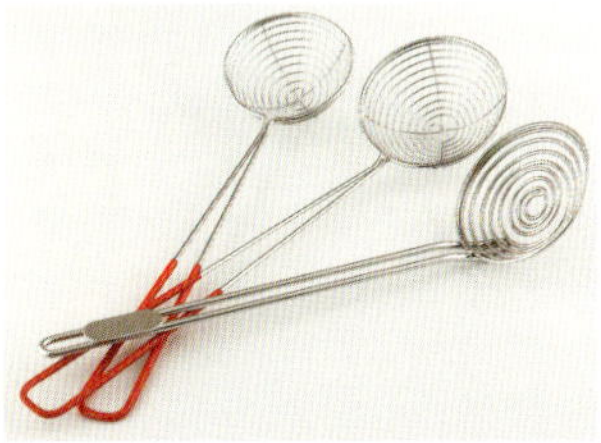
ディッシャー

シロップマシン

スムージーやフルーツティーなどに使用する凍らせたフルーツを保管したり、冷凍タピオカのストック保存に必要です。

4　IHコンロ or ガス台

お茶を沸かしたりタピオカを炊く時に必要です。お茶はお湯の温度が重要です。タピオカを茹でる時にも蒸らすにも、同じ温度をキープ出来るIHコンロが便利です。

5　製氷機

ドリンク提供時や仕込みにも使う場合があります。

6　保温ポット

ホットで抽出したお茶を保存する時に必要です。

■最低限必要な設備にプラスして揃えると便利な機器や道具

・シーラー

プラスチックカップに包装フィルムを接着して蓋をする機器。カップが密閉されるので、持ち帰る際にこぼれる心配がなく、あると便利な機器です。ただし、「包材について」の章でも触れたように、包装フィルムにデザインが必要になり、ロットが大きいので初期投資がかかるのと、包装フィルムの保管場所が必要になります。そこをクリアできれば、結果的にリッド（蓋）よりも低コストになります。

・シロップマシン

シロップ量の設定ボタンが何個かあり、お客様の好みの甘さに応じた量のシロップを、素早くカップに入れることが出来ます。

・ブレンダー

スムージーをメニューに加える場合必要です。

・スチームマシン

ドリンクの温めに使用します。

・タピオカを炊く機械

お米を炊くように、タピオカをまとめて炊けて保温も出来ます。

・タピオカをすくう道具

シロップ漬けにしたタピオカをすくうのに便利。すくう部分がメッシュになっていて、余分なシロップを落としながらタピオカをトッピング出来ます。「ディッシャー」という製品名で販売されています。

スタッフの動線

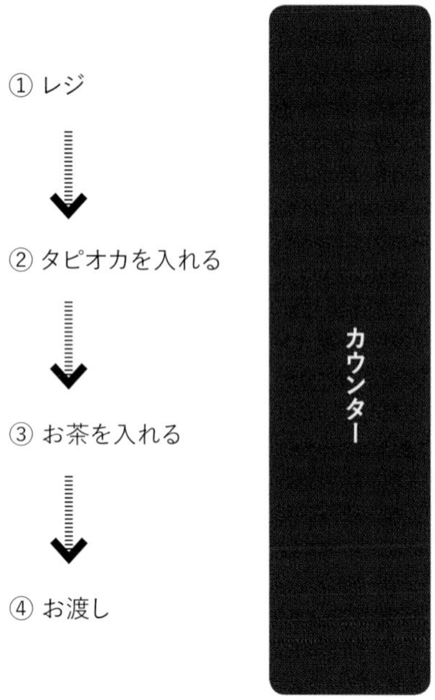

お客様の動線

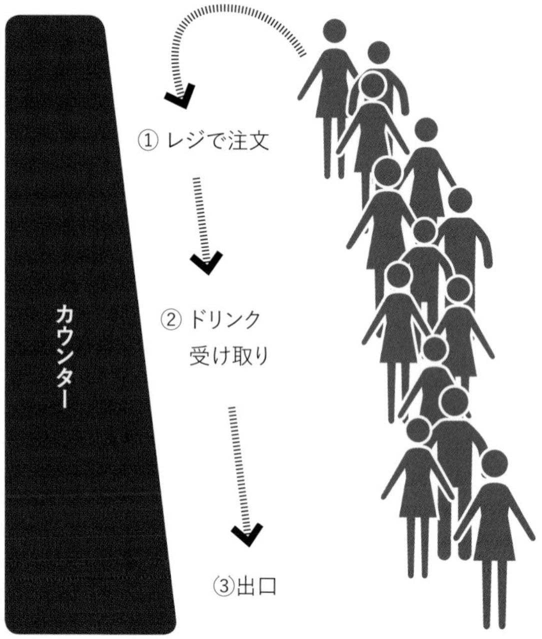

■機器を購入する際の注意点

1日に何杯のドリンクを販売したいのかがとても重要です。それにより冷蔵庫、製氷機のサイズを決めなければ売上を逃すことになります。好立地にした意味がなくなるのです。

また今後は、ウーバーイーツの活用など、店以外での販売も視野に入れることで売上アップに繋がります。中国では既に、アプリからの注文やデリバリーなども始まっています。

■動線について

お客様の動線は、

1レジで注文↓2受け取り↓3出口

このスムーズな誘導には左回りが良いとされています。人が左回りを好む理由があります。目を閉じて歩くと左側に寄っています。陸上も野球もスピードスケートも左回りです。心臓が体の中心より左に位置しているので、心臓をかばうためや遠心力によって負担がかからないためとも言われています。左回りなら頭で考えなくても自然に動けるのです。

これは導線にも活かせます。違和感のない動きを、お客様自身にして頂くことで、よりスムーズな誘導になります。これは回転率の向上に繋がり、売上に影響します。

一方、スタッフの動線は、

1レジ↓2タピオカを入れる↓3お茶を入れる↓4お渡し

このように、工程順に作業を流していくとスムーズに動けます。ムダな動きをなくすことで時短になり、お待たせしないことで回転率が上がるので、ここでも売上に繋がります。

■仕込みについて

タピオカドリンクは、仕込みをしておけば後はお茶を注ぐだけで出来るドリンクがほとんどなので、誰でも簡単に提供できます。裏を返せば、仕込み量の見極めとロスのコントロールが重要になります。

■〝インスタ映え〟を意識した商品と内装

お茶は様々な食材と相性が良く、アレンジがしやすいです。お茶を使うタピオカドリンクは、多種多様な

"インスタ映え"を意識する

食材を組み合わせることで、スイーツのような華やかな見た目になり、それが大きな魅力になっています。

コーヒー系のドリンクは全体的に茶色で地味になりがちですが、タピオカドリンクは、お茶やフルーツを使用するのでカラフルに仕上がります。女子受けし、インスタ映えするドリンクが多いのもタピオカドリンクの特徴です。見た目でカワイイ！と思わず写真に撮ってSNSへと繋がります。それを見たフォロワーへと更に広がります。

また、お店の壁やサインを背景に、商品を持って写真を撮れる場所があれば、ほとんどのお客様が自然と撮影してSNSへアップします。羽が描かれた壁にカップを合わせるとドリンクに羽が生えたように見えたり、液体が注がれている様な壁画に合わせると、カップに注がれているように見えるものなど。

商品が美味しいのはもちろんですが、まずは知って頂かなくてはお客様の来店には繋がりません。

SNSは、今や最大で最速の広告宣伝です。SNSに誘導して1度火がつけば、後はどんどん広がります。

■売上を上げる方法

短期的に売上を上げたい場合はSNSを有効活用し、見た目に特化したドリンクの開発が必須です。また、広告宣伝に投資すると短期的に売上はアップします。

この方法は、新しいもの好きのお客様には効果がある反面、常連のお客様はつきにくいので長期的な戦略にはなりにくいので注意も必要です。長くお店を続けるには、やはり常連のお客様の心を掴むことが重要です。

お店を出店する場所のリサーチ、嗜好、TPOに合わせたお店づくりや商品開発。もちろん、接客を含むサービスも重要になります。

お客様との会話の中から需要を理解しメニューに反映させたり、季節によってお茶の濃淡や甘みの強さなどの味を変化させるなど、体が自然と欲しがる味を作り出せれば、売上にも良い結果が表れるはずです。

08

CHAPTER 8

台湾

タピオカミルクティー発祥の地・台湾はもとより、中国でも上海・北京を中心にタピオカミルクティー人気は高まっており、特に大人気なのが黒糖タピオカミルクティーです。

駅近辺や繁華街に多く出店し、人気のお店には行列ができています。現在では黒糖タピオカミルクティーの専門店も増え始めています。

上海や北京には、台湾から進出した店舗が多くありますが、最近では上海のみで展開する店舗も目立っており、独自のタピオカドリンクに発展しつつあります。

台湾からはじまったタピオカドリンクは、中国でブラッシュアップされ魅力のある商品になっています。

人気店ではドリンクを受け取るまでに5〜6時間待つお店もあるほどです。長い待ち時間を回避するため、ショッピングモールでは、大手ファストフード店と同様にレジで注文す

中国・台湾のタピオカドリンク

中国

るとレシートに番号が記載され、それが電光掲示板に表示されたら受け取りにいくシステムを採用しています。注文後に番号が出るまでその場を離れられるので、注文してからドリンクを受け取るまでの待ち時間を、モールでのショッピングなどに有効活用出来るという訳です。

自分好みにカスタマイズできることもタピオカドリンクの魅力ですが、カスタマイズに対応しながら待ち時間を軽減するためのシステムも模索している中国。その販売スタイルは、中国ならではのものとして確立しています。

台湾からはじまり、中国、東京、そして日本全国へ広がっているタピオカドリンク。今後はアメリカ、オーストラリアなど、世界的な流行へと広がる可能性を秘めています。

旭屋出版 新刊のご案内

かき氷
for Professional

氷の知識から売れる店づくり
人気店のレシピとバリエーション

夏場には行列、いまや冬にも売れる「かき氷」。
かき氷メニュー開発のすべてを網羅した専門書

かき氷
for Professional

旭屋出版編集部・編
定価：本体3,000円＋税
A4変形判
オールカラー180ページ

かき氷の技術と経営

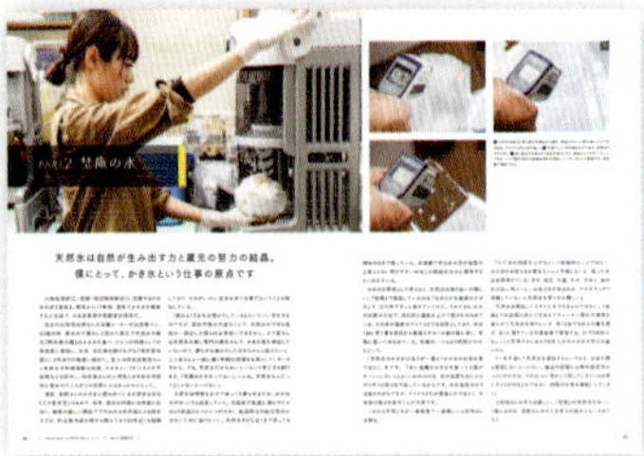

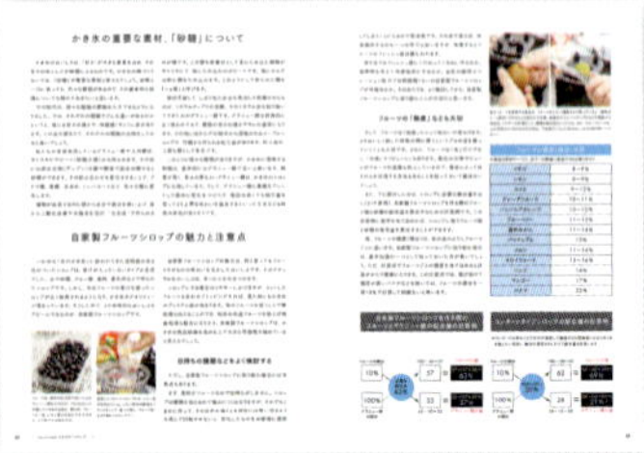

- かき氷の「氷」について

- かき氷店を100年続けるために
  監修／『埜庵』店主・
  かき氷文化史研究家
  石附浩太郎

- かき氷の「シロップ」
  監修／IGCC代表　根岸 清

人気店のかき氷レシピ

- 掲載店
  Adito／Café Lumière／komae café／BWカフェ／Dolchemente
  吾妻茶寮／あんどりゅ。／kotikaze／かき氷 六花

行列店のかき氷バリエーション

- 掲載店
  Cafe&Diningbar 珈茶話 Kashiwa／氷舎 mamatoko
  KAKIGORI CAFE&BAR yelo／和Kitchen かんな／氷屋ぴぃす
  二條若狭屋 寺町店／べつばら／kakigori ほうせき箱
  おいしい氷屋 天神南店

お申し込みは、
お近くの書店または旭屋出版へ

旭屋出版　販売部（直通）TEL03-5369-6423
http://www.asahiya-jp.com
東京都新宿区愛住町23番地2　ベルックス新宿ビルII6階

日本の美しい

かき氷

Japan's Beautiful Kakigoori

小池隆介 著

かき氷は美しい姿をしている瞬間が、一番美味しい瞬間なのです。その姿を一冊にまとめました。

■B5判・152ページ
■定価　本体1600円+税

英語対訳付

茶屋花冠本店（千葉・佐原）
松月氷室（栃木・日光）
御菓子所 ちもと（東京・銀座）
目白 志むら（東京・目白）
茶の西田園（埼玉・熊谷）
ティーハウスマユール 宮崎台店（神奈川・川崎）
浅草浪花家（東京・浅草）
たい焼き なみへい（神奈川・鎌倉）
三日月氷菓店（千葉・柏）
セバスチャン（東京・渋谷）
和キッチンかんな（東京・下馬）
雪うさぎ（東京・駒沢）
慈げん（埼玉・熊谷）
クラフトカフェ（埼玉・太田窪）
あずきや安堂（東京・調布）
梅むら（東京・浅草）

明治時代の業務用氷削機
昭和のおうちかき氷機

旭屋出版　〒160-0005 東京都新宿区愛住町23番地2 ベルックス新宿ビルⅡ 6階
販売部（直通）☎03-5369-6423 http://www.asahiya-jp.com

★お求めは、お近くの書店または左記窓口、旭屋出版WEBサイトへ。

THE TEXT OF GELATO

基本技術と多彩なバリエーション

ジェラート教本

ジェラート教本

根岸 清・著

定価：本体3,000円＋税

著者プロフィール

根岸 清（ねぎし・きよし）

数多くのイタリア訪問を経て、本場のジェラートやエスプレッソを完全修得したエキスパート。日本に本場のジェラートと正統派のエスプレッソを普及させる原動力となったエキスパートの草分けで、現在も数多くのセミナー・指導を行なっている。

イタリアのアイスクリーム「ジェラート」。
本物志向の高まりで、
日本でも人気拡大が続いている。
そのジェラートの知識、技術、
多彩なバリエーションまでを網羅したのが本書。
専門店の開業経営はもちろん、
カフェやレストランのジェラートの導入に必読の一冊。

本書の主な内容

アイスケーキを作る

シャーベットのバリエーション

アイスのバリエーション

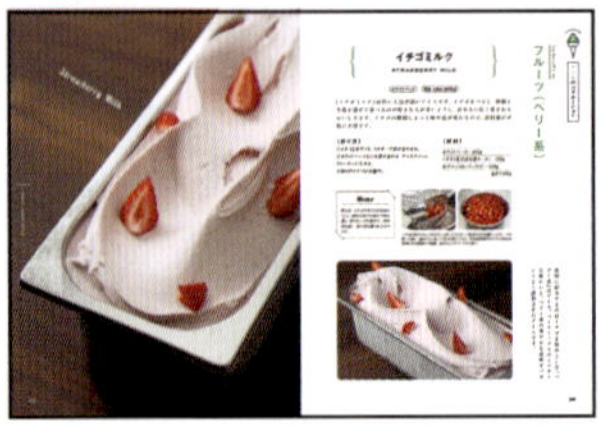

ジェラートの基本知識と技術

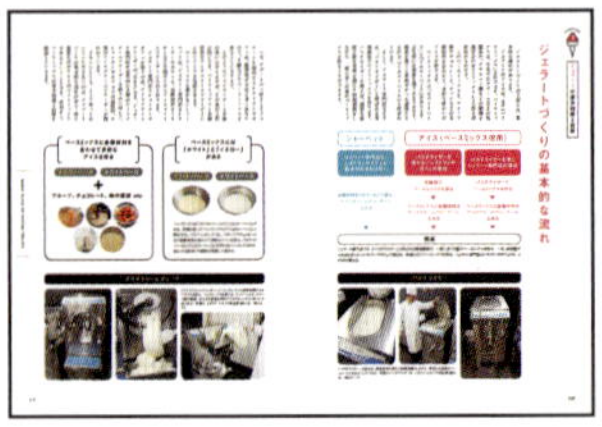

お申し込みは、お近くの書店または旭屋出版へ　旭屋出版　販売部（直通）TEL03-5369-6423　http://www.asahiya-jp.com
東京都新宿区愛住町23番地2 ベルックス新宿ビルII6階

近代食堂

MENU AND MANAGEMENT FOR THE PROFESSIONAL

毎月22日発売

定価:本体1380円+税

近代食堂は、2018年10月号からリニューアルしました。

外食業界に携わる人のための総合専門誌。
メニュー開発、販促、人材育成、接客サービスなど、
飲食経営に重要なテーマを毎月特集する他、
最新の繁盛店情報、人気店のメニューレシピなど、
繁盛店づくりの役立つ情報を毎月お届けします。

CAFERES

Coffee & Menu for Cafe

毎月19日発売

定価:本体1280円+税

カフェ&レストランは、2017年6月号からリニューアルし、カフェレスになりました。

コーヒーを始めとするカフェの人気メニュー、
個人経営店の開業事例、接客サービスや販促といった
経営力強化、人材育成など、小規模でも強い店を
つくるための実用情報を毎月特集。

バックナンバーも好評発売中!!

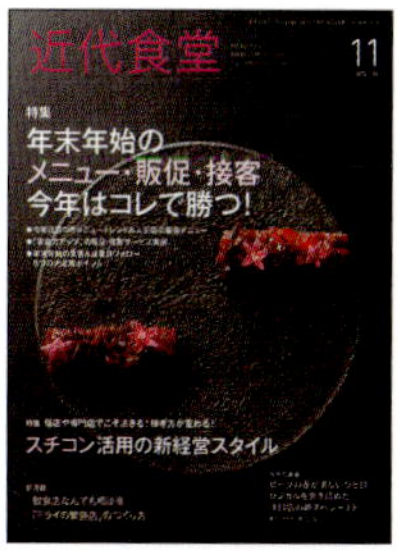

●**月刊誌の定期購読のご案内** お求めの方はお近くの書店へお申し込みください。

●**インターネットでご注文**をご希望の場合は**株式会社富士山マガジンサービス(Fujisan.co.jp)**へ
お電話は フリーダイヤル **0120-223-223**/24時間365日対応

お申し込みはお早めに! **旭屋出版** 販売部(直通)TEL03-5369-6423 http://asahiya-jp.com
東京都新宿区愛住町23番地2 ベルックス新宿ビルII 6階

Special Thanks

Nakazawa

食材協力　中沢乳業株式会社

生クリームをはじめとする中沢ブランドの乳製品を企画開発・製造し、業務用得意先へ提供・納品、また一般消費者向け製品をデパート・スーパー等に販売。

TEL：03-6436-8800（販売本部）

https://www.nakazawa.co.jp/

ECOLE DE
PATISSERIE
DE TOKIO

学校法人／専門学校
東京製菓学校
ECOLE DE PATISSERIE DE TOKIO

撮影協力　東京製菓学校

教育理念は「菓子は人なり」。1954年の開校以来、つねに新たな教育に挑み、次代を担うプロを数多く育成。学科・コースは「洋菓子」「和菓子」「パン」「夜間部」がある。

TEL：0120-80-7172（フリーダイヤル）

https://www.tokyoseika.ac.jp/

著者プロフィール

片倉康博（かたくら・やすひろ）　Yasuhiro Katakura

バーテンダー時代にQSC、対面サービス、カクテルの様々なドリンク知識とバランスの取り方、TPOの重要性などを学び、その経験をカフェ業界へ繋げ、独自の理論によるエスプレッソ抽出技術を広める。「食文化に合うドリンクやTPOに合わせるドリンク」「カフェドリンクのフードペアリング」第一人者としてホテル、レストラン、カフェ、パティスリーの顧問バリスタ、調理師・製菓専門学校の特別講師として活動。海外からの依頼も多く、上海、北京、天津でも特別講師を務める。また、飲食店プロデュース、店舗立ち上げや立て直し、スタッフ教育、ドリンクケータリング、コンサルタント、営業代行、商品開発も手がける。本書で紹介した食材や包材、機器・道具など、商品仕入れ先の問い合わせも可能。

Email : y.katakura@espresso-manager.com

instagram : y.katakura

片倉氏が講師を務める学校（中国）

REBAKERY STUDIO

Rebakery Studio

Tel: 86-18-621516213

Email : rekybao@rebakery.cn

上海市徐汇区瑞平路230号B1层 Rebakery Studio

Nanas patisserie

Tel : 86-22-85190738

Email : wonhoo_lee@163.com

4F,Heping Joy City shopping mall, No.189 Nanjing Rd,Heping Dist,Tianjin,China

田中美奈子（たなか・みなこ）　Minako Tanaka

料理家、カフェディレクター。DEAN&DELUCAカフェマネージャー、ドリンクメニュー開発後に独立。カフェレストランオーナーシェフとバリスタを経て、カフェ店舗商品開発やコンサルティング、フードコーディネートなどを手がける。 コレクションテーマに合わせた展示会用のオーダーメイドケータリングやデリバリーは、旬の野菜を中心とした料理が好評。

Email : www.life-kitasando.com

instagram : minakotanaka9966

デザイン
モグワークス

撮影
田中 慶　内田昂司

スタイリング
村松真記

モデル
momoe

編集
前田和彦　斉藤明子（旭屋出版）

タピオカミルクティー
フルーツティードリンク

発行日　2019年7月14日　初版発行
　　　　2019年8月17日　第2版発行
著者　片倉康博　田中美奈子
発行者　早嶋 茂
制作者　永瀬正人
発行所　株式会社 旭屋出版
　　　　〒160-0005　東京都新宿区愛住町23番地2　ベルックス新宿ビルII 6階
TEL　03-5369-6423（販売部）
TEL　03-5369-6422（広告部）
TEL　03-5369-6424（編集部）
FAX　03-5369-6431
http://www.asahiya-jp.com
郵便振替 00150-1-19572

印刷・製本 株式会社シナノパブリッシングプレス

※ 落丁本・乱丁本はお取り替えいたします。
※ 無断複製・無断転載を禁じます。
※ 定価はカバーに表示してあります。

© Yasuhiro Katakura　Minako Tanaka / Asahiya publishing Co.,LTD.2019　Printed in Japan
ISBN 978-4-7511-1386-8 C2077